AF218770

Impressum
Verlag: BABADADA GmbH, Nedderfeld 112 , 22529 Hamburg
Geschäftsführer / Verlagsleitung: Harald Hof
Druck: Books on Demand GmbH, In de Tarpen 42, 22848 Norderstedt

Imprint
Publisher: BABADADA GmbH, Nedderfeld 112 , 22529 Hamburg, Germany
Managing Director / Publishing direction: Harald Hof
Print: Books on Demand GmbH, In de Tarpen 42, 22848 Norderstedt, Germany

# de School
## escola

de Klassenstuuv
sala de aulas

delen
dividir

186/2

de Tafel
quadro

de Schoolhoff
pátio da escola

de Schoolmeester
professor

dat Papeer
papel

schrieven
escrever

de Sticken
caneta

de Schrievdisch
secretária

dat Lienholt
régua

dat Book
livro

de Schöler
aluno

de Ranzel

mochila

de Feddermapp

estojo de lápis

de Bleesticken

lápis

de Scharpmaker

afia-lápis

dat Radeergummi

borracha

de Tekenblock

bloco de desenho

de Teken

desenho

de Pinsel

pincel

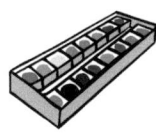

de Malkassen

caixa de tintas

de Scheer

tesoura

de Klever

cola

dat Heft to'n Öven

livro de exercícios

de Huusopgaav

trabalhos de casa

de Tall

número

tohooptellen

somar

aftrecken

subtrair

malnehmen

multiplicar

reken

calcular

de Bookstaav

letra

dat ABC

alfabeto

dat Woort

palavra

de Text

texto

lesen

ler

de Kried

giz

de Stunn

hora

dat Klassenbook

registo de presenças

de Pröven

exame

dat Tüügnis

certificado

de Schooluniform

uniforme escolar

de Utbillen

educação

dat Nakieksel

enciclopédia

de Universität

universidade

dat Mikroskop

microscópio

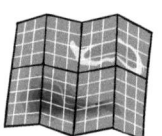

de Koort

mapa

de Papeerkorf

cesto de lixo

dat Hotel
hotel

de Harbarg
hostel

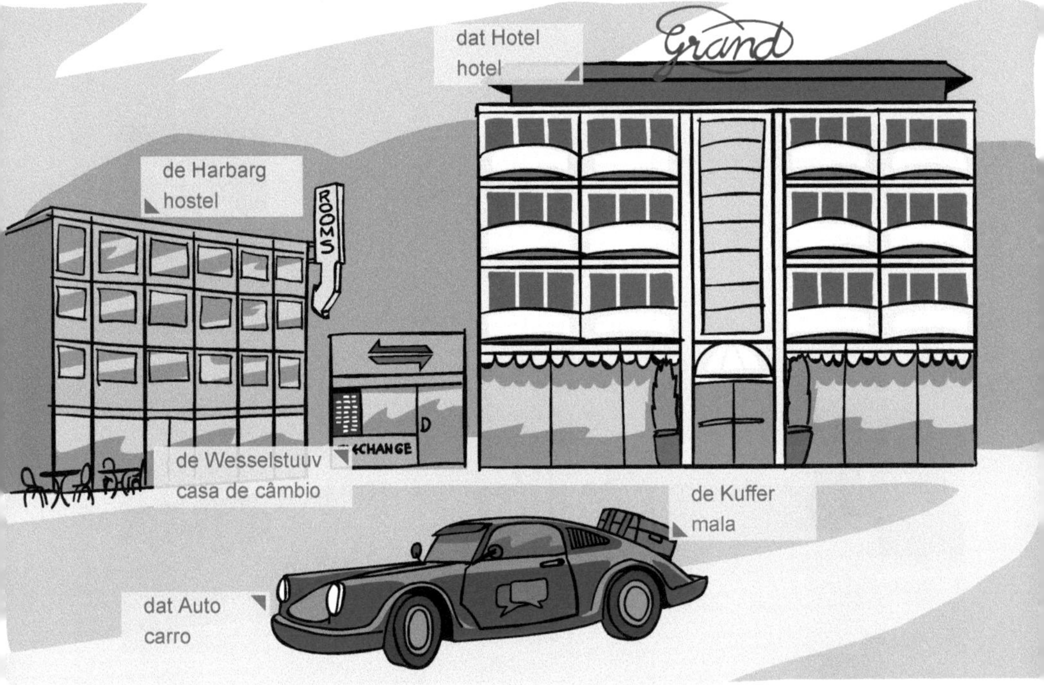

de Wesselstuuv
casa de câmbio

de Kuffer
mala

dat Auto
carro

| | | |
|---|---|---|
|  |  |  |
| de Spraak | jo / ne | Jo |
| idioma | sim / não | ok / certo / correto |
|  |  |  |
| Moin | de Översetter | Dank ok |
| olá | intérprete | obrigado |

Wat kost...?

quanto é que custa... ?

Ik verstah nich

não entendo

dat Problem

problema

Goden Avend

boa noite!

Moin!

Bom dia!

Gode Nacht!

Boa noite!

Tschüüs

adeus

de Richt

direção

de Bagaasch

bagagem

de Tasch

saco

de Rüchsack

mochila

de Gast

convidado

de Stuuv

quarto

de Slaapsack

saco-cama

dat Telt

tenda

de Touristeninformatschoon

informação turística

de Strand

praia

de Kreditkoort

cartão de crédito

dat Fröhstück

pequeno-almoço

dat Meddageten

almoço

dat Avendeten

jantar

de Fohrkort

bilhete

de Fohrstohl

elevador

de Breefmark

selo postal

de Grenz

fronteira

de Toll

alfândega

de Bottschop

embaixada

dat Visum

visto

de Pass

passaporte

# de Transport
## transporte

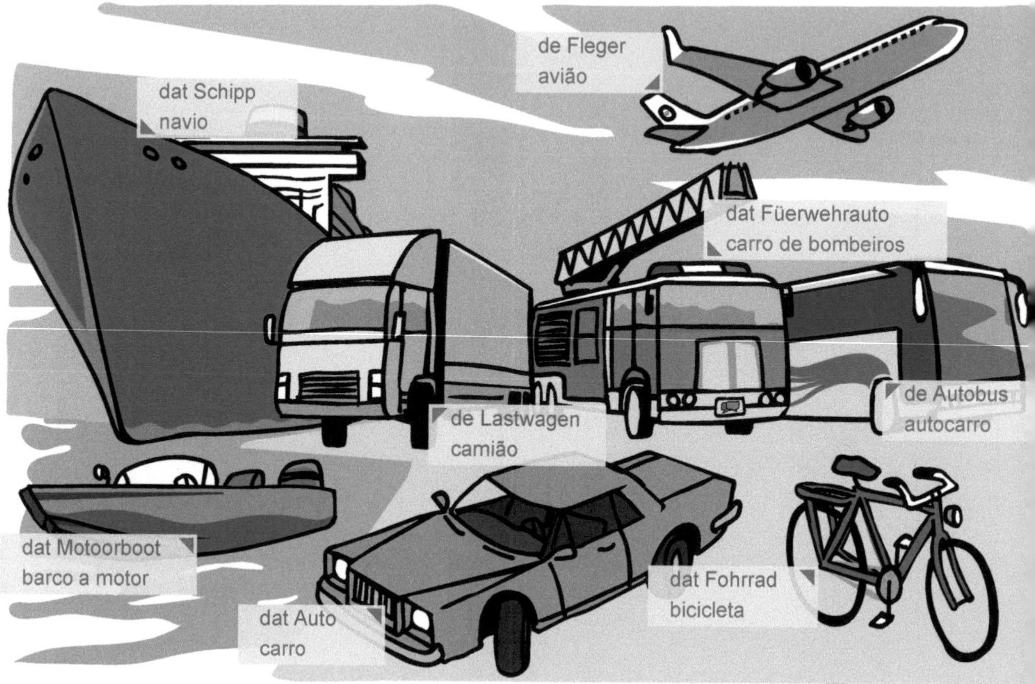

de Fleger
avião
dat Schipp
navio
dat Füerwehrauto
carro de bombeiros
de Autobus
autocarro
de Lastwagen
camião
dat Motoorboot
barco a motor
dat Fohrrad
bicicleta
dat Auto
carro


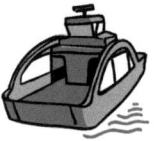

de Fähr

cacilheiro

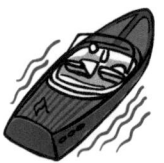

dat Boot

barco

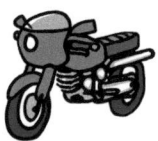

dat Motoorrad

mota

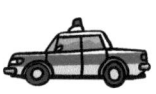

dat Polizeiauto

carro de polícia

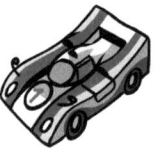

dat Rönnauto

carro de corrida

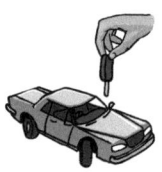

de Lehnwagen

carro alugado

dat Carsharing

carsharing

de Afsleepwagen

camião de reboque

dat Müllauto

camião do lixo

de Motoor

motor

de Kraftstoff

combustível

de Tanksteed

estação de serviço

dat Verkehrsschild

sinal de trânsito

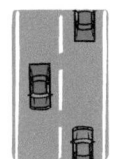

de Verkehr

trânsito

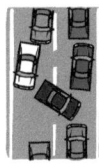

de Stau

congestionamento de trânsito

de Afstellplatz

parque de estacionamento

de Bahnhoff

estação ferroviária

de Sporen

carris

de Tog

comboio

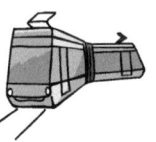

de Stratenbahn

elétrico

de Wagon

carruagem

de Dwarsmöhl

helicóptero

de Flooghaven

aeroporto

de Tower

torre

de Fohrgast

passageiro

de Grootkist

contentor

de Karton

caixa de papelão

de Koor

carrinho

de Korf

cesto

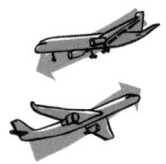

starten / lannen

levantar voo / aterrar

## de Stadt

## cidade

dat Dörp

aldeia

de Binnenstadt

centro da cidade

dat Huus

casa

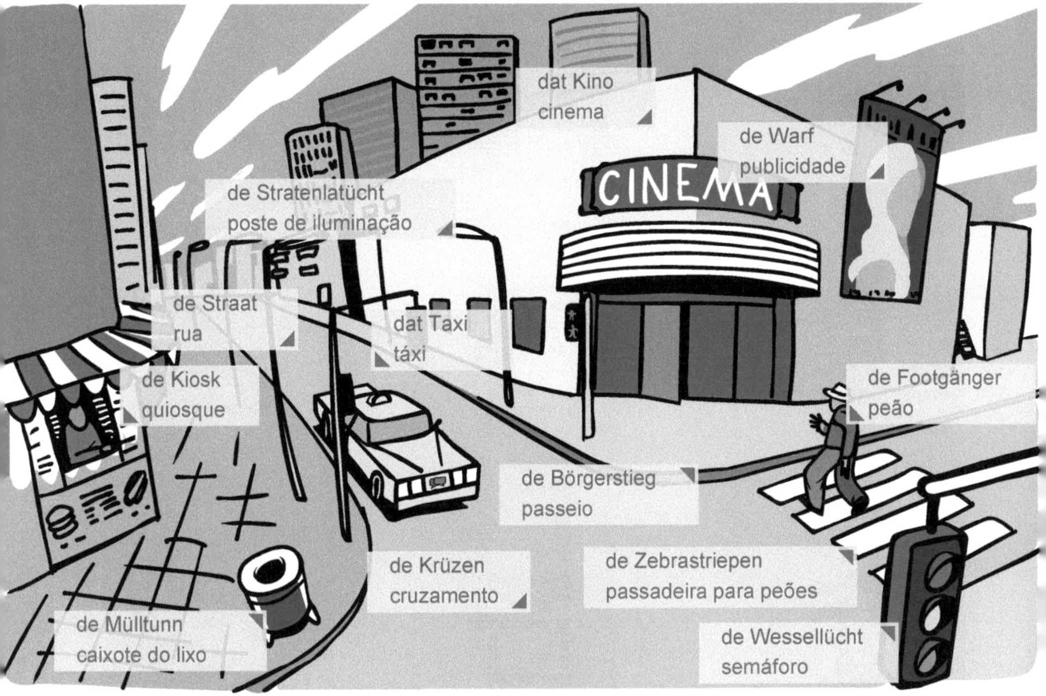

dat Kino
cinema

de Warf
publicidade

de Stratenlatücht
poste de iluminação

de Straat
rua

dat Taxi
táxi

de Kiosk
quiosque

de Footgänger
peão

de Börgerstieg
passeio

de Krüzen
cruzamento

de Zebrastriepen
passadeira para peões

de Mülltunn
caixote do lixo

de Wessellücht
semáforo

de Hütt

cabana

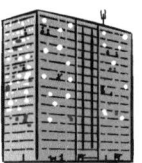

de Wahnung

apartamento

de Bahnhoff

estação ferroviária

dat Raathuus

câmara municipal

dat Museum

museu

de School

escola

de Stadt  -  cidade                    11

de Universität

universidade

de Bank

banco

dat Krankenhuus

hospital

dat Hotel

hotel

de Afteek

farmácia

dat Büro

escritório

de Bookhökerie

livraria

de Hökerie

loja

de Blomenhökerie

florista

de Supermarkt

supermercado

de Markt

mercado

dat Koophuus

loja de departamentos

de Fischhökerie

peixaria

dat Inkoopszentrum

centro comercial

de Haven

porto

de Stadt  -  cidade

de Parkanlaag

parque

de Bank

banco

de Brüch

ponte

de Trepp

escadas

de Ünnergrundbahn

metro

de Tunnel

túnel

de Busstoppsteed

paragem de autocarro

de Bar

bar

dat Spieslokal

restaurante

de Breefkassen

caixa de correio

dat Stratenschild

sinal de trânsito

de Parkklock

parquímetro

de Deertenpark

jardim zoológico

de Baadanstalt

piscina

de Moschee

mesquita

de Buernhoff

quinta

de Ümweltversmudden

poluição

de Karkhoff

cemitério

de Kark

igreja

de Speelplatz

parque infantil

de Tempel

templo

# de Landschop
# paisagem

dat Blatt
folha

de Wiespahl
placa de sinalização

de Weg
caminho

de Wisch
prado

de Steen
pedra

de Wannerer
caminhantes

de Boom
árvore

de Fluss
rio

dat Gras
relva

de Bloom
flor

dat Daal

vale

de Barg

montanha

de See

lago

dat Holt

floresta

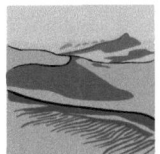

de Wööst

deserto

de Füerspien Barg

vulcão

dat Slott

castelo

de Regenbagen

arco-íris

de Poggenstohl

cogumelo

de Palm

palma

de Steekmück

mosquito

de Fleeg

mosca

de Miegeemk

formiga

de Imm

abelha

de Spinn

aranha

de Sebber

besouro

de Pogg

sapo

de Katteker

esquilo

de Swienegel

ouriço

de Haas

lebre

de Uul

coruja

de Vagel

pássaro

de Swaan

cisne

dat Wildswien

javali

de Hirsch

veado

de Elk

alce

de Staudamm

barragem

dat Windrad

turbina eólica

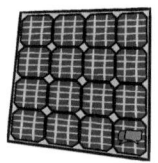

dat Solarmodul

painel solar

dat Klima

clima

# dat Spieslokal
## restaurante

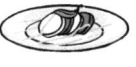

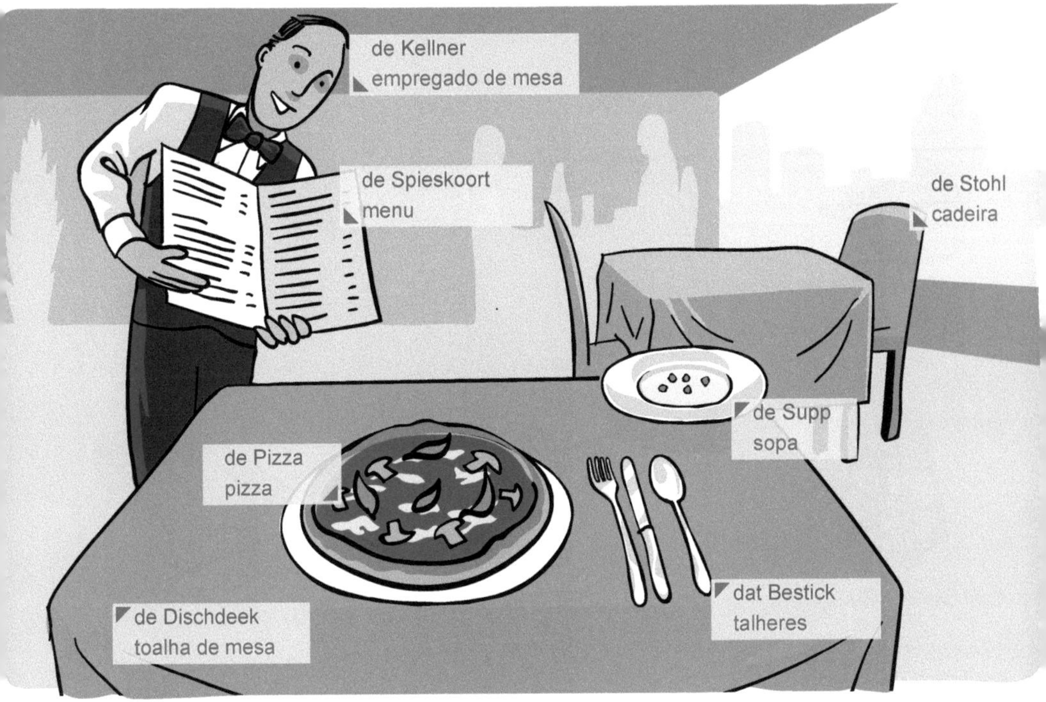
de Kellner
empregado de mesa
de Spieskoort
menu
de Stohl
cadeira
de Supp
sopa
de Pizza
pizza
dat Bestick
talheres
de Dischdeek
toalha de mesa

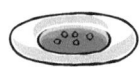

de Vörspies

entrada

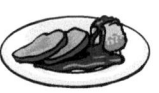

dat Haupteten

prato principal

de Nadisch

sobremesa

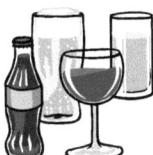

de Drünk

bebidas

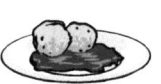

dat Eten

comida

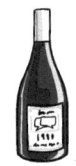

de Buddel

garrafa

dat Fastfood

fast food

dat Strateneten

comida de rua

de Teekann

bule de chá

de Zuckerdoos

açucareiro

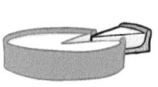

de Portschoon

porção

de Espressomaschien

máquina de café expresso

de Hoochstohl

cadeira alta

de Reken

conta

dat Tablett

bandeja

dat Mess

faca

de Gavel

garfo

de Lepel

colher

de Teelepel

colher de chá

dat Munddook

guardanapo

dat Glas

copo

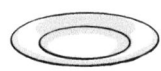

de Töller

prato

de Suppentöller

prato de sopa

de Ünnertass

pires

de Sooß

molho

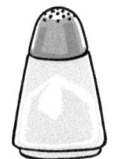

de Soltstreuer

saleiro

de Pepermöhl

moinho de pimenta

de Etig

vinagre

dat Ööl

óleo

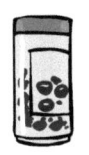

de Krüder

especiarias

de Ketchup

ketchup

de Mostrich

mostarda

de Mayonnaise

maionese

# de Supermarkt
## supermercado

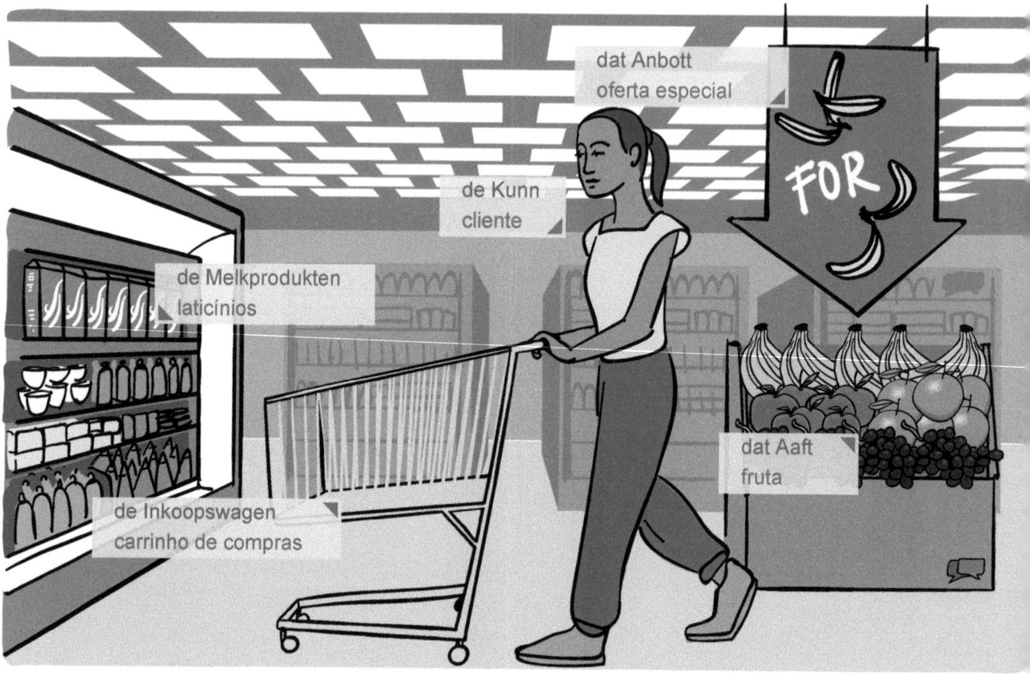

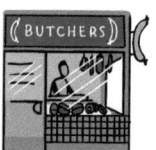

dat Anbott
oferta especial
FOR
de Kunn
cliente
de Melkprodukten
laticínios
dat Aaft
fruta
de Inkoopswagen
carrinho de compras


BUTCHERS


de Slachterie

talho

BAKERY


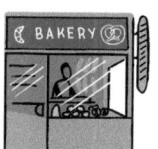

de Bäckerie

padaria

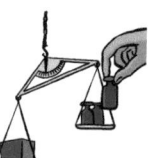

wegen

pesar

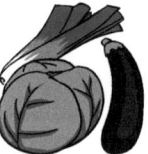

de Gröönsaken

vegetais

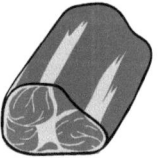

dat Fleesch

carne

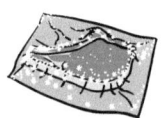

de Deepköhlkost

alimentos congelados

de Opsnitt

charcutaria

de Konserven

comida enlatada

de Waschmiddel

detergente em pó

de Snoopkraam

doces

de Huushooltssaken

artigos domésticos

de Reinmaaktüüch

produtos de limpeza

de Verköpersche

vendedora

de Kass

caixa

de Kasserer

caixa

de Inkoopslist

lista de compras

de Opsparrtieden

horário de funcionamento

de Breeftasch

carteira

de Kreditkoort

cartão de crédito

de Tasch

saco

de Plastiktüüt

saco de plástico

# de Drünk
## bebidas

dat Water

água

de Saft

sumo

de Melk

leite

de Cola

coca-cola

de Wien

vinho

dat Beer

cerveja

de Spriet

álcool

de Kakao

cacau

de Tee

chá

de Koffie

café

de Espresso

café expresso

de Cappucino

capuccino

de Banaan

banana

de Appel

maçã

de Appelsien

laranja

de Meloon

melão

de Zitroon

limão

de Wöttel

cenoura

de Knuuvlook

alho

de Bambus

bambu

de Zibbel

cebola

de Poggenstohl

cogumelo

de Nööt

nozes

de Nudeln

talharim

de Spaghetti

esparguete

de Ries

arroz

de Salat

salada

de Pommes frites

batatas fritas

de Braadkantüffeln

batatas fritas

de Pizza

pizza

de Hamborger

hambúrguer

dat Sandwich

sanduíche

dat Snitzel

bife panado

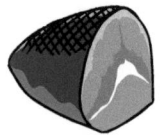

de Schinken

fiambre

de Salami

salame

de Wust

salsicha

dat Hohn

galinha

de Braden

assado

de Fisch

peixe

de Haverflocken

flocos de aveia

dat Müsli

muesli

de Cornflakes

flocos de milho

dat Mehl

farinha

de Croissant

croissant

dat Rundstück

carcaça (pãozinho)

dat Broot

pão

dat Toast

torrada

de Keksen

biscoitos

de Botter

manteiga

de Quark

requeijão

de Koken

bolo

dat Ei

ovo

dat Spegelei

ovo estrelado

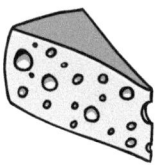

de Kees

queijo

de Ies

gelado

de Zucker

açúcar

de Honnig

mel

de Marmelaad

compota

de Nougat-Creme

creme de nougat

dat Curry

caril

# de Buernhoff
## quinta

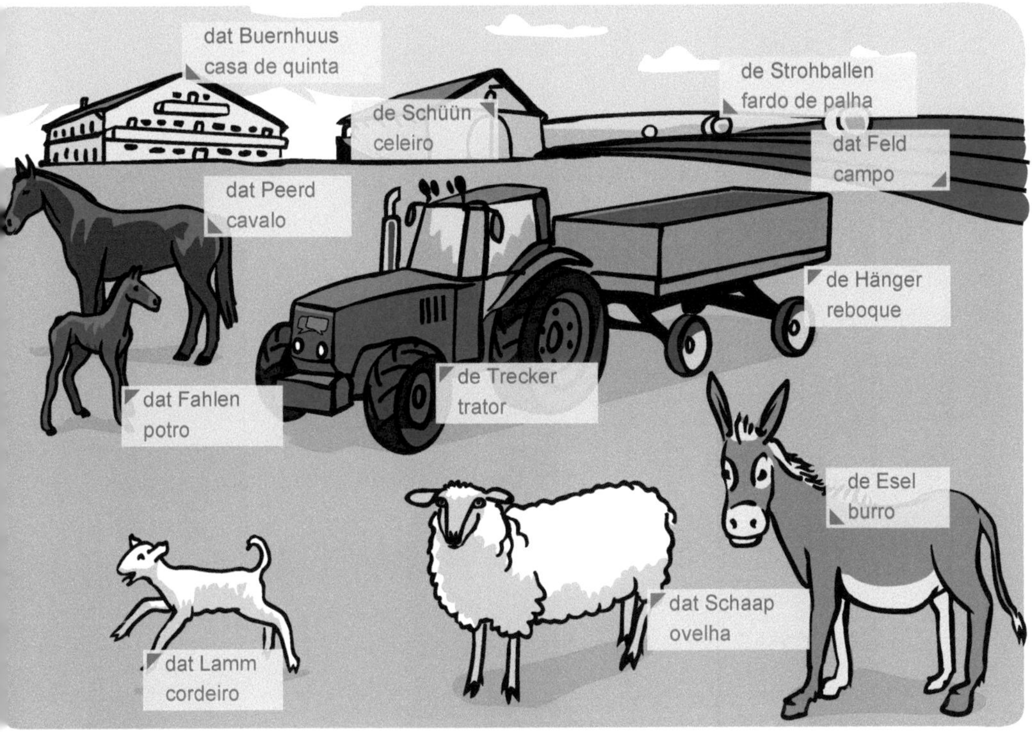
dat Buernhuus
casa de quinta
de Schüün
celeiro
de Strohballen
fardo de palha
dat Feld
campo
dat Peerd
cavalo
de Hänger
reboque
de Trecker
trator
dat Fahlen
potro
de Esel
burro
dat Schaap
ovelha
dat Lamm
cordeiro

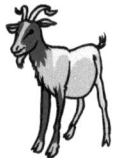

de Zeeg

cabra

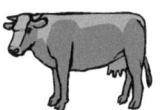

de Koh

vaca

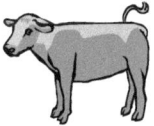

dat Kalf

bezerro

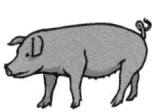

dat Swien

porco

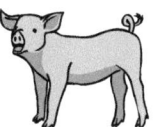

dat Farken

leitão

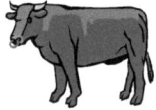

de Bull

touro

de Goos

ganso

de Aant

pato

dat Küken

pintaínho

dat Hohn

galinha

de Hahn

galo

de Rott

ratazana

de Katt

gato

de Muus

rato

de Oss

boi

de Hund

cão

de Hunnenhütt

casota

de Goornslauch

mangueira de jardim

de Geetkann

regador

de Lee

foice

de Ploog

arado

de Sich

foice

de Hack

enxada

de Mestfork

forquilha

de Ext

machado

de Schuufkoor

carrinho de mão

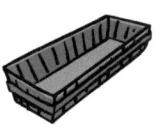

de Trog

manjedoura

de Melkkann

jarro de leite

de Sack

saco

de Tuun

cerca

de Stall

estábulo

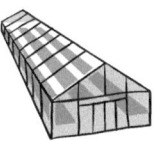

dat Drievhuus

estufa

de Bodden

solo

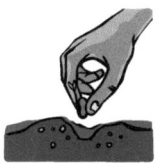

de Saat

semente

de Dünger

fertilizante

de Meihdöscher

ceifeira-debulhadora

oornen

colher

de Oorn

colheita

de Yamswöttel

inhame

de Weten

trigo

dat Soja

soja

de Kantüffel

batata

de Törksche Weten

milho

de Rapp

colza

de Aaftboom

árvore de fruto

de Troopsch Kantüffel

mandioca

dat Koorn

cereais

# dat Huus
## casa

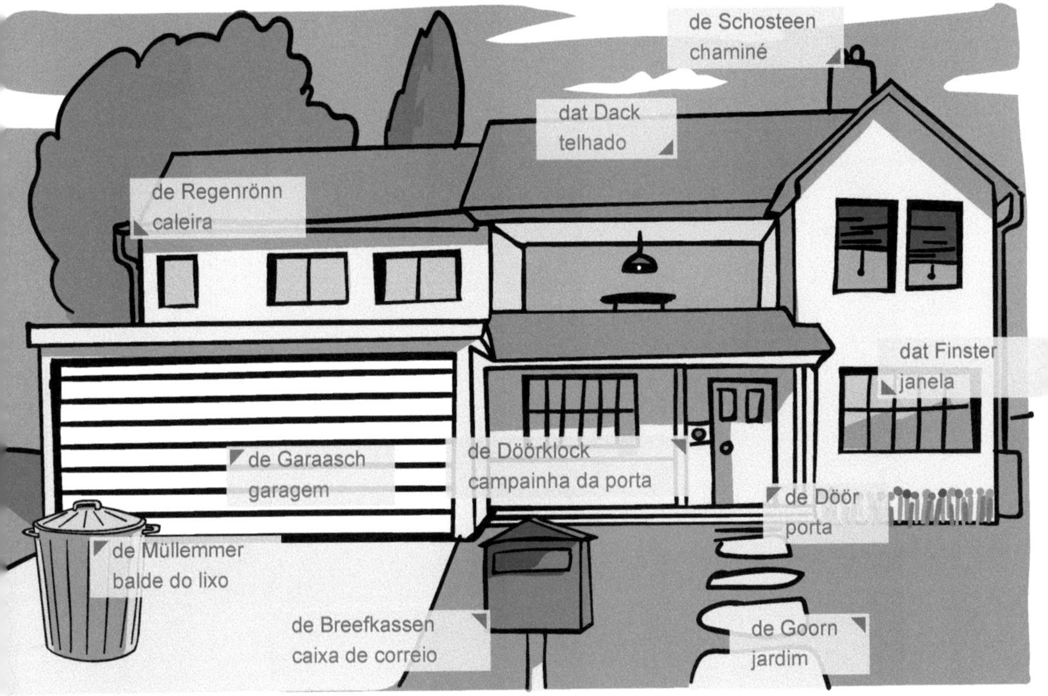
de Schosteen
chaminé
dat Dack
telhado
de Regenrönn
caleira
dat Finster
janela
de Garaasch
garagem
de Döörklock
campainha da porta
de Döör
porta
de Müllemmer
balde do lixo
de Breefkassen
caixa de correio
de Goorn
jardim

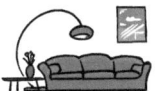

de Wahnstuuv
sala de estar

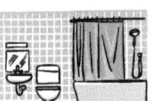

de Baadstuuv
casa de banho

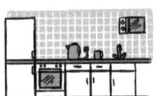

de Köök
cozinha

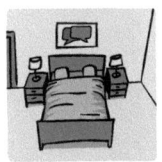

de Slaapstuuv
quarto de dormir

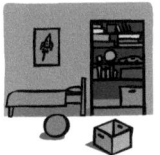

de Kinnerstuuv
quarto de criança

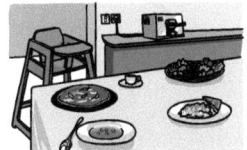

de Eetstuuv
sala de jantar

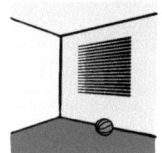

de Footbodden

chão

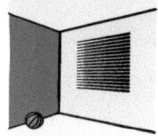

de Wand

parede

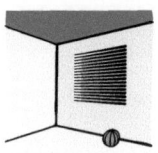

de Deek

teto

de Keller

cave

dat Hittluftbad

sauna

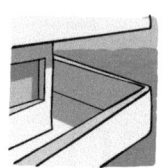

de Balkon

varanda

de Terrass

terraço

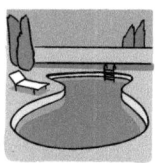

dat Swümmbad

piscina

de Rasenmeiher

máquina de cortar relvado

de Bettbetog

lençol

de Bettdeek

cobertor

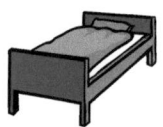

de Puuch

cama

de Bessen

vassoura

de Emmer

balde

de Schalter

interruptor

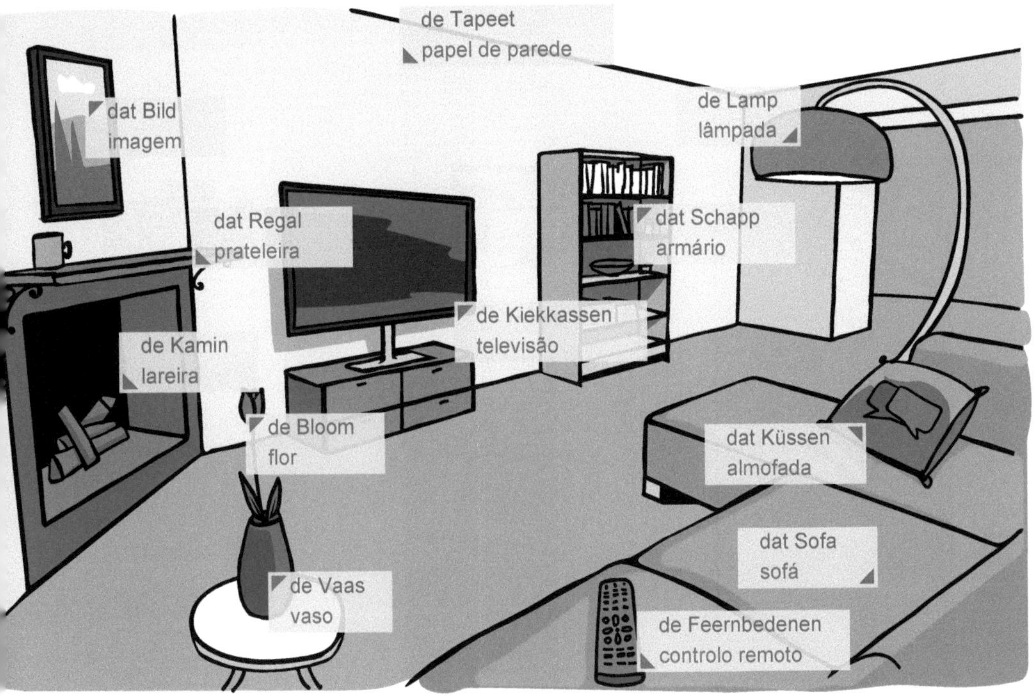

de Tapeet
papel de parede

dat Bild
imagem

de Lamp
lâmpada

dat Regal
prateleira

dat Schapp
armário

de Kiekkassen
televisão

de Kamin
lareira

de Bloom
flor

dat Küssen
almofada

dat Sofa
sofá

de Vaas
vaso

de Feernbedenen
controlo remoto

de Teppich
tapete

de Vörhang
cortina

de Disch
mesa

de Stohl
cadeira

de Schuckelstohl
cadeira de baloiço

de Sessel
poltrona

dat Book

livro

de Deek

cobertor

de Dekoratschoon

decoração

dat Füerholt

lenha

de Film

filme

de Stereoanlaag

sistema estéreo

de Slötel

chave

dat Narichtenblatt

jornal

dat Gemälde

pintura

dat Poster

póster

dat Radio

rádio

de Opschrievblock

bloco de notas

de Huulbessen

aspirador

de Kaktus

cato

de Kars

vela

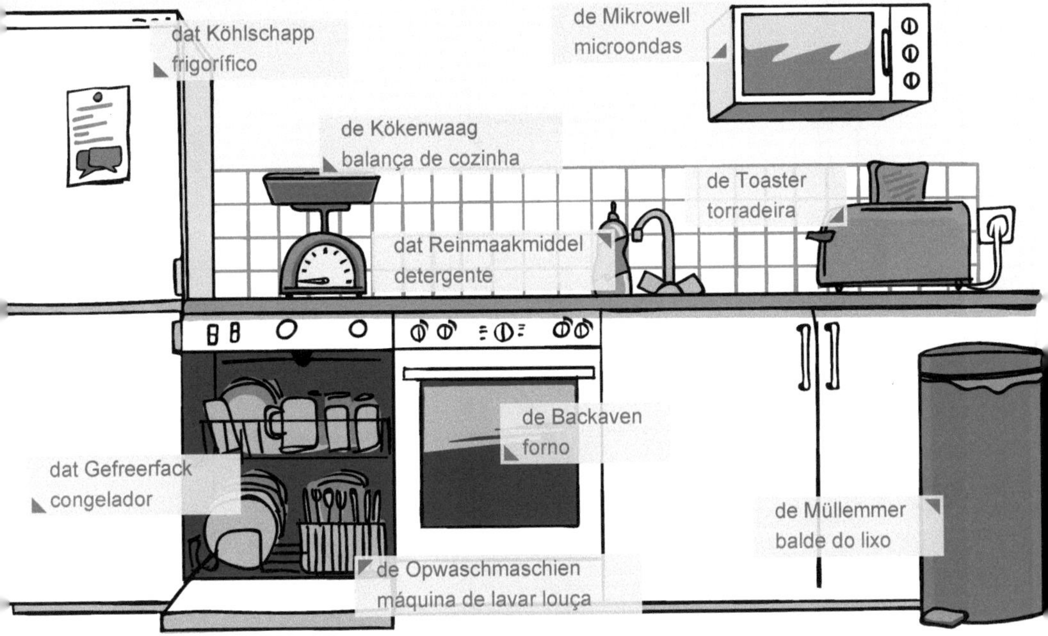

de Mikrowell
microondas

dat Köhlschapp
frigorífico

de Kökenwaag
balança de cozinha

de Toaster
torradeira

dat Reinmaakmiddel
detergente

de Backaven
forno

dat Gefreerfack
congelador

de Müllemmer
balde do lixo

de Opwaschmaschien
máquina de lavar louça

de Heerd

fogão

de Pott

panela

de Gussiesern Putt

panela de ferro

de Wok / Kadai

wok / kadai

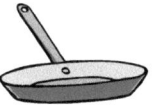

de Pann

frigideira

de Waterkaker

chaleira

de Dampkaakputt

panela a vapor

dat Backblick

tabuleiro de forno

dat Geschirr

louça

de Beker

caneca

de Schaal

tigela

de Eetsticken

pauzinhos

de Suppenkell

concha de sopa

de Pannenwenner

espátula

de Sneebessen

batedor de claras

dat Kaakseef

escorredor

dat Seef

peneira

de Riev

ralador

de Mörser

almofariz

de Grill

churrasqueira

de Füerstell

lareira

dat Sniedbrett

tábua de cortar

dat Nudelholt

rolo da massa

de Proppentrecker

saca-rolhas

de Doos

lata

de Dosenaapner

abridor de latas

de Pottlappen

luvas de forno

dat Waschbecken

lava-loiça

de Böst

escova

de Swamm

esponja

de Mixer

liquidificador

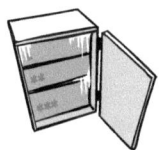

dat Iesschapp

arca frigorífica

de Nuckelbuddel

biberão

de Waterhahn

torneira

de Köök - cozinha

37

# de Baadstuuv

## casa de banho

de Heizung
aquecimento

de Bruus
chuveiro

dat Handdook
toalha

de Bruusvörhang
cortina de chuveiro

dat Schuumbad
banho de espuma

de Baadwann
banheira

dat Glas
copo

de Waschmaschien
máquina de lavar roupa

de Waterhahn
torneira

de Fliesen
azulejos

de lütte Putt
penico

dat Waschbecken
lava-loiça

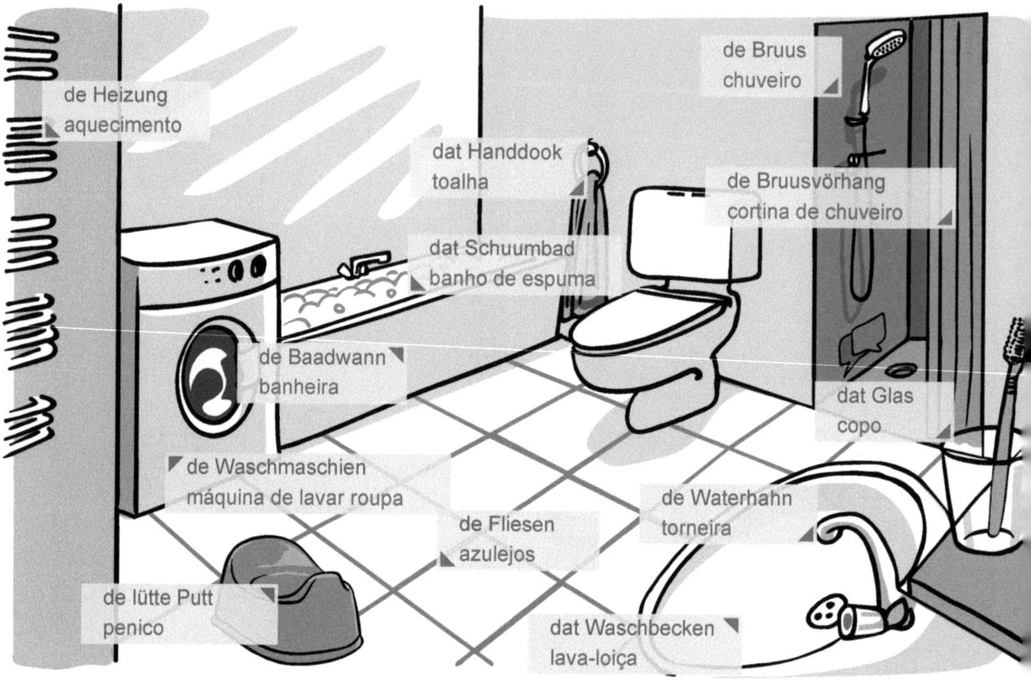

de Tante Meier

sanita

de Hockklo

retrete turca

dat Bidet

bidé

dat Miegbecken

urinol

dat Klopapeer

papel higiénico

de Kloböst

piaçaba

38       de Baadstuuv - casa de banho

de Tähnböst

escova de dentes

de Tähnpast

pasta de dentes

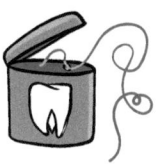

de Tähnsied

fio dentário

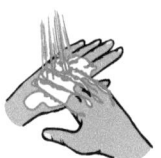

waschen

lavar

de Handbruus

chuveiro de mão

de Intimbruus

duche íntimo

de Waschschöttel

bacia

de Rüchböst

escova para as costas

de Seep

sabonete

dat Bruusgeel

gel de banho

dat Hoorwaschmiddel

champô

de Waschlappen

toalha de rosto

de Afloop

escoamento

de Creme

creme

dat Deodorant

desodorizante

de Spegel

espelho

de Kosmetikspegel

espelho de mão

de Raserer

máquina de barbear

de Raseerschuum

creme de barbear

dat Raseerwater

loção pós-barba

de Kamm

pente

de Böst

escova

de Hoordröger

secador de cabelo

dat Hoorspray

spray de cabelo

de Smink

maquilhagem

de Lippensticken

batom

de Nagellack

verniz de unhas

de Watt

algodão

de Nagelscheer

tesoura para unhas

dat Rüükwater

perfume

de Kulturbüdel

nécessaire

de Schemel

tamborete

de Waag

balança

de Baadmantel

roupão de banho

de Gummihanschen

luvas de borracha

de Tampon

tampão

de Damenbinn

penso higiénico

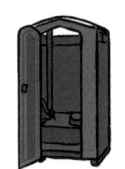

dat Chemieklo

WC químico

# de Kinnerstuuv
## quarto de criança

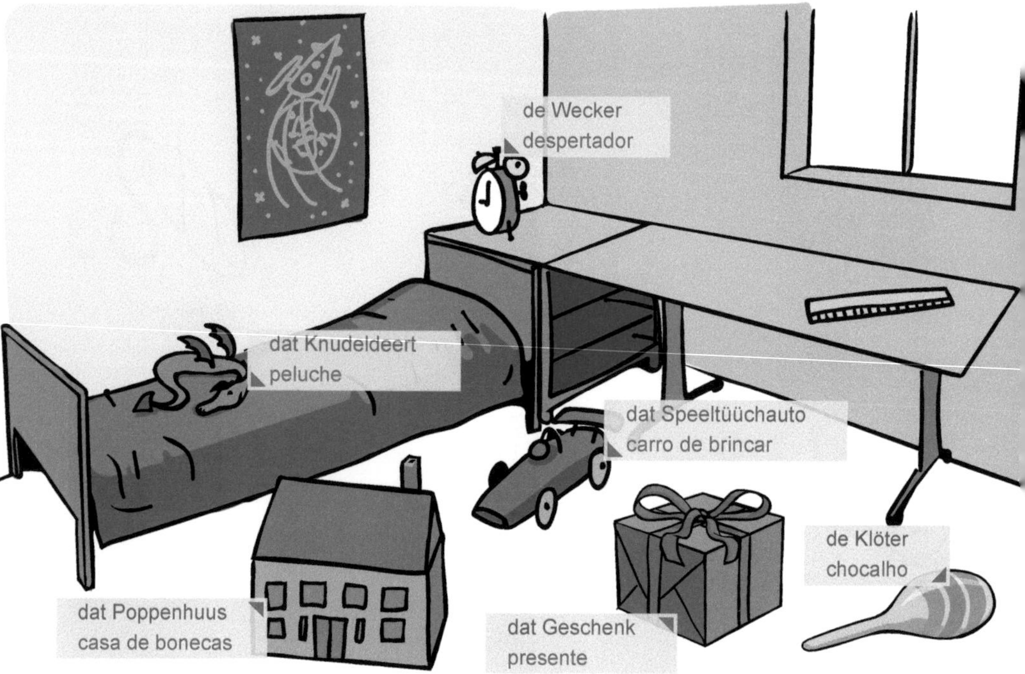

de Wecker
despertador

dat Knudeldeert
peluche

dat Speeltüüchauto
carro de brincar

dat Poppenhuus
casa de bonecas

dat Geschenk
presente

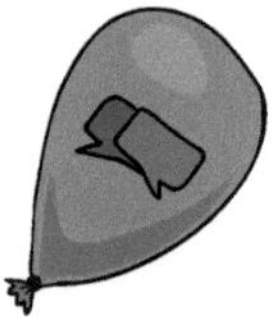

de Klöter
chocalho

de Luftballon
balão

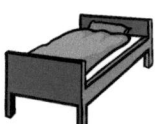

de Puuch
cama

de Kinnerwagen
carrinho de bebé

dat Koortenspeel
jogo de cartas

dat Puzzle
quebra-cabeças

de Billergeschicht
banda desenhada

de Legostenen

peças de Lego

de Bustenen

blocos de construção

de Action-Figur

figura de ação

de Strampelantog

fato de bebé

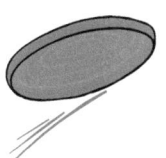

de Frisbeeschiev

Frisbee

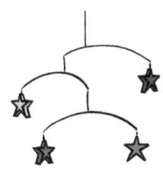

dat Mobile

móbile para bebé

dat Brettspeel

jogo de tabuleiro

de Wörpel

dados

de Modelliesenbahn

pista de comboio elétrico

de Snuller

chupeta

de Party

festa

dat Billerbook

livro ilustrado

de Ball

bola

de Popp

boneca

spelen

jogar

de Sandkassen

caixa de areia

de Schuckel

baloiço

dat Speeltüüch

brinquedos

de Speelkonsool

consola de jogos

dat Dreerad

triciclo

de Teddyboor

ursinho de peluche

dat Klederschapp

guarda-roupa

## dat Tüüch

## vestuário

de Socken

meias

de Strümp

meias pelo joelho

de Strumpbüx

meias-calças

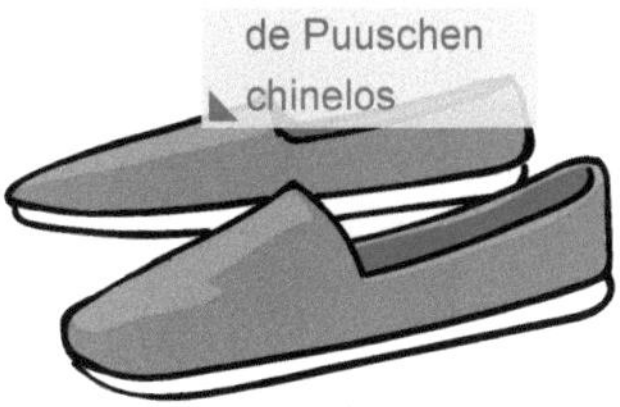

dat Halsdook
cachecol

de Paraplü
guarda-chuva

dat T-Shirt
t-shirt

de Liefreem
cinto

de Stevel
botas

de Puuschen
chinelos

de Turnschoh
sapatilhas

de Sandalen

sandálias

de Schoh

sapatos

de Gummistevel

botas de borracha

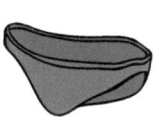

de Ünnerbüx

cuecas

de Bostholler

sutiã

dat Ünnerhemd

camisola interior

de Lief

body

de Büx

calças

de Jeansnüx

calças de ganga

de Rock

saia

de Bluus

blusa

dat Hemd

camisa

de Pullover

pulôver

de Kapuzenpullover

camisola com capuz

de Blazer

blazer

de Jack

casaco

de Mantel

manto

de Övertrecker

gabardina

dat Kostüm

traje

dat Kleed

vestido

dat Hochtietskleed

vestido de casamento

de Antog

fato

dat Nachtkleed

camisa de dormir

de Slaapantog

pijama

de Sari

sari

dat Koppdook

lenço de cabeça

de Turban

turbante

de Burka

burca

de Kaftan

cafetã

de Abaya

abaya

de Baadantog

fato de banho

de Baadbüx

calções de banho

de Korte Büx

calções

de Antog to'n Öven

fato de treino

de Schört

avental

de Handschoh

luvas

de Knopp

botão

de Brill

óculos

dat Armband

pulseira

de Halskeed

colar

de Ring

anel

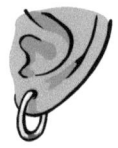

de Ohrbummel

brinco

de Mütz

boné

de Klederbögel

cabide

de Hoot

chapéu

de Binner

gravata

de Rietslüter

fecho de correr

de Helm

capacete

dat Drachtband

suspensórios

de Schooluniform

uniforme escolar

de Uniform

uniforme

de Severböten

babete

de Snuller

chupeta

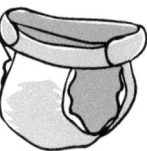

de Winnel

fralda

# dat Büro
# escritório

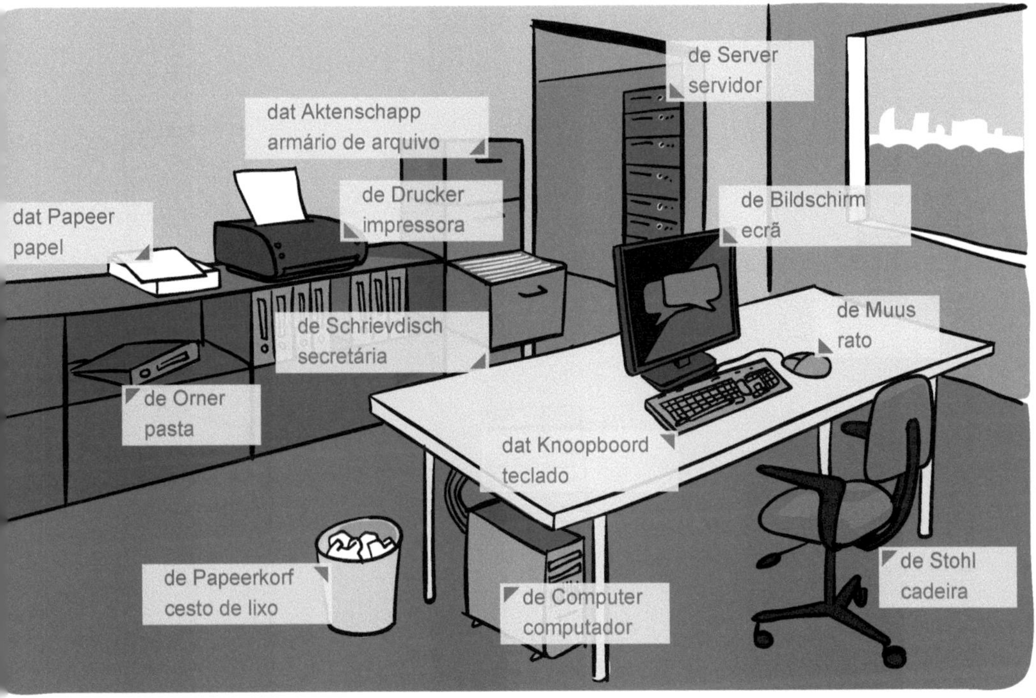

de Server
servidor

dat Aktenschapp
armário de arquivo

de Drucker
impressora

de Bildschirm
ecrã

dat Papeer
papel

de Schrievdisch
secretária

de Muus
rato

de Orner
pasta

dat Knoopboord
teclado

de Papeerkorf
cesto de lixo

de Computer
computador

de Stohl
cadeira

de Koffiebeker

caneca de café

de Taschenreekner

calculadora

dat Internet

internet

de Klappreekner

computador portátil

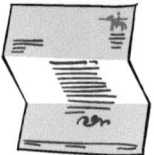

de Breef

carta

de Naricht

mensagem

de Ackersnacker

telemóvel

dat Nettwark

rede

de Kopeerapparat

fotocopiadora

de Software

software

de Klöönkassen

telefone

de Steekdoos

tomada elétrica

de Faxapparat

fax

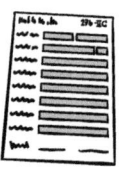

dat Formulor

formulário

dat Dokument

documento

köpen

comprar

betahlen

pagar

hanneln

negociar

dat Geld

dinheiro

**USD**

de Dollar

dólar

**EUR**

de Euro

euro

**JPY**

de Yen

yen

**RUB**

de Ruvel

rublo

**CHF**

de Swiezer Franken

franco suíço

**CNY**

de Renminbi Yuan

renminbi yuan

**INR**

de Rupie

rupia

de Geldautomat

caixa de multibanco

de Wesselstuuv

casa de câmbio

dat Gold

ouro

dat Sülver

prata

dat Ööl

petróleo

de Energie

energia

de Pries

preço

de Verdrag

contrato

de Stüer

imposto

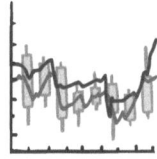

de Andeelschien

ação

arbeiden

trabalhar

de Anstellte

empregado

de Arbeitgever

entidade patronal

de Fabrik

fábrica

de Hökerie

loja

# de Profeschonen
## profissões

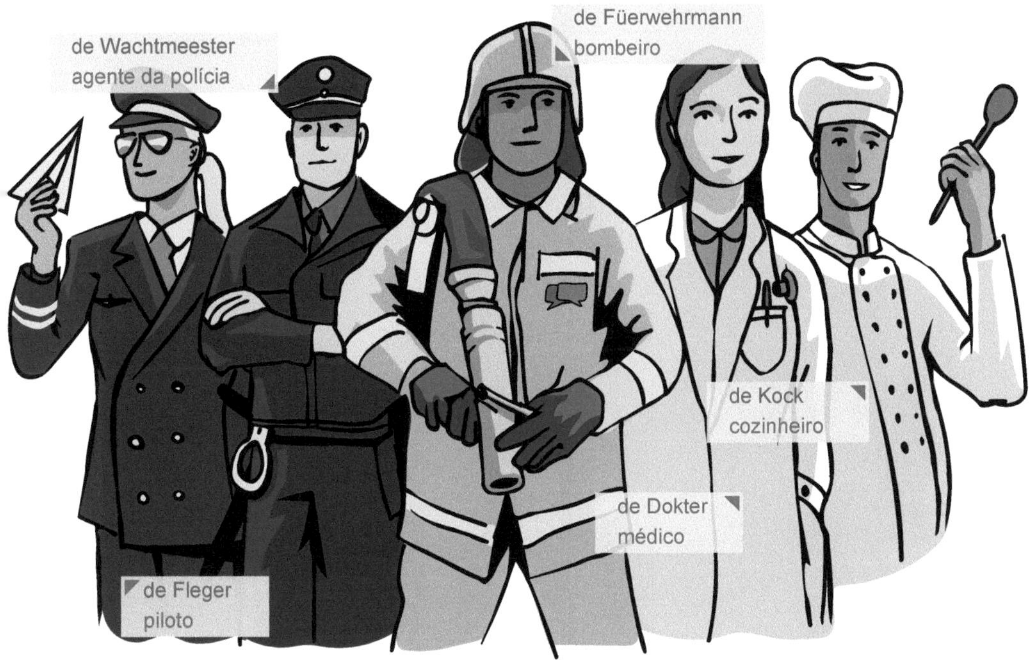

de Füerwehrmann
bombeiro
de Wachtmeester
agente da polícia
de Kock
cozinheiro
de Dokter
médico
de Fleger
piloto


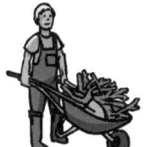

de Goorner

jardineiro

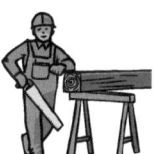

de Discher

carpinteiro

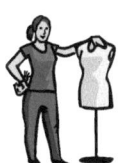

de Neihersche

costureira

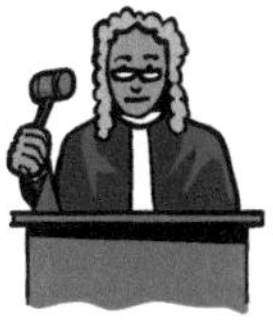

de Richter

juiz

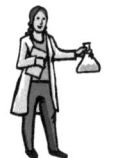

de Chemiker

químico

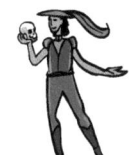

de Schauspeler

ator

de Busfohrer

motorista de autocarro

de Taxifohrer

motorista de táxi

de Fischer

pescador

de Reinmaakfru

empregada de limpeza

de Dackdecker

telhador

de Kellner

empregado de mesa

de Jäger

caçador

de Maler

pintor

de Bäcker

padeiro

de Elektriker

eletricista

de Buarbeider

construtor

de Ingenieur

engenheiro

de Slachter

talhante

de Klempner

canalizador

de Postbüdel

carteiro

54                     de Profeschonen  -  profissões

de Suldat

soldado

de Architekt

arquiteto

de Kasserer

caixa

de Florist

florista

de Putzbüdel

cabeleireiro

de Schaffner

controlador de bilhetes

de Mechaniker

mecânico

de Kaptein

capitão

de Tähndokter

dentista

de Wetenschopler

cientista

de Rabbi

rabino

de Imam

imã

de Mönk

monge

de Paap

pastor

# dat Warktüüch

# ferramentas

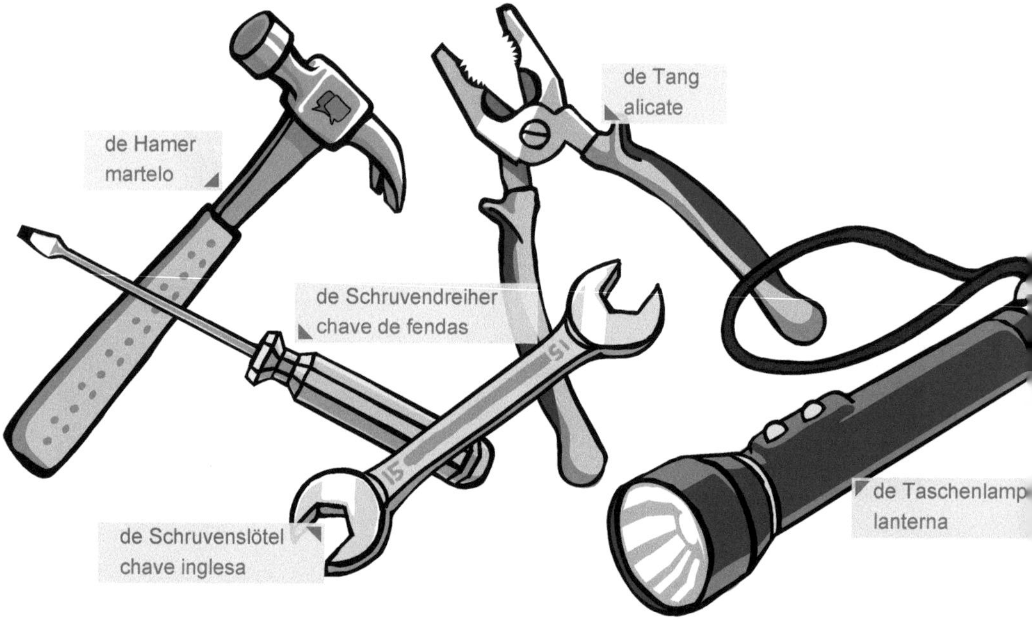
de Tang
alicate
de Hamer
martelo
de Schruvendreiher
chave de fendas
de Taschenlamp
lanterna
de Schruvenslötel
chave inglesa

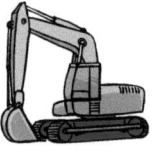

de Grieper

escavadora

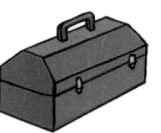

de Warktüüchkassen

caixa de ferramentas

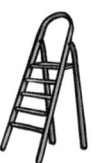

de Ledder

escadote

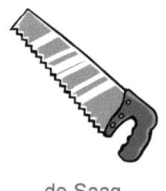

de Saag

serra

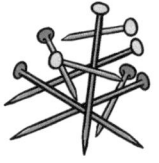

de Nagels

pregos

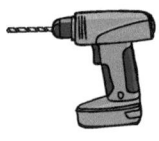

de Bohrer

broca

heelmaken

reparar

de Schüffel

pá

Schiet!

porcaria!

dat Kehrblick

pá de lixo

de Farvpott

pote de tinta

de Schruven

parafusos

## de Musikinstrumenten
## instrumentos musicais

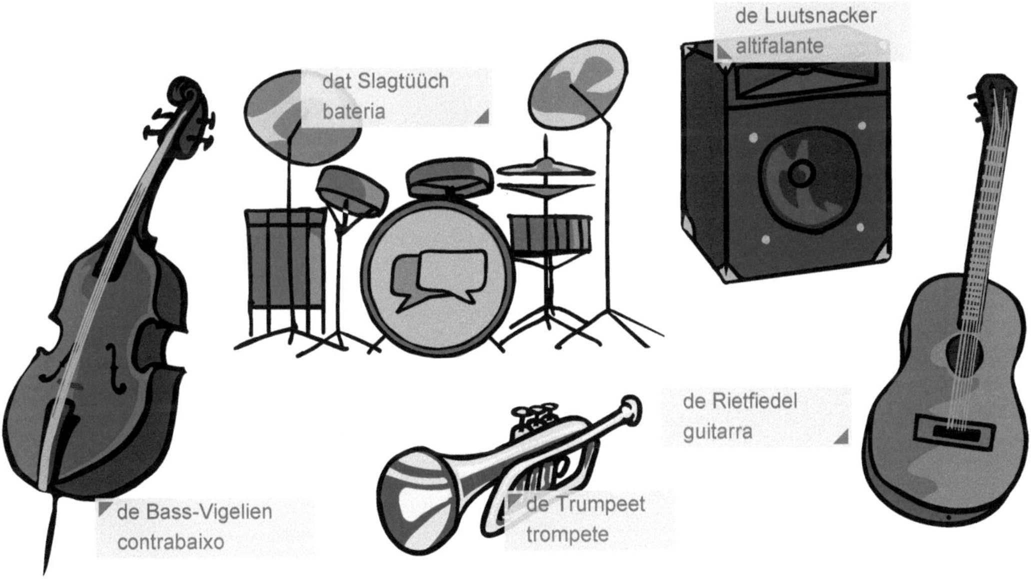

de Luutsnacker
altifalante

dat Slagtüüch
bateria

de Rietfiedel
guitarra

de Bass-Vigelien
contrabaixo

de Trumpeet
trompete

dat Klaveer

piano

de Vigelien

violino

de Bass

baixo

de Pauk

timbales

de Trummeln

tambor

dat Keyboard

teclado

dat Saxophon

saxofone

de Fleut

flauta

dat Mikrofoon

microfone

# de Deertenpark
# jardim zoológico

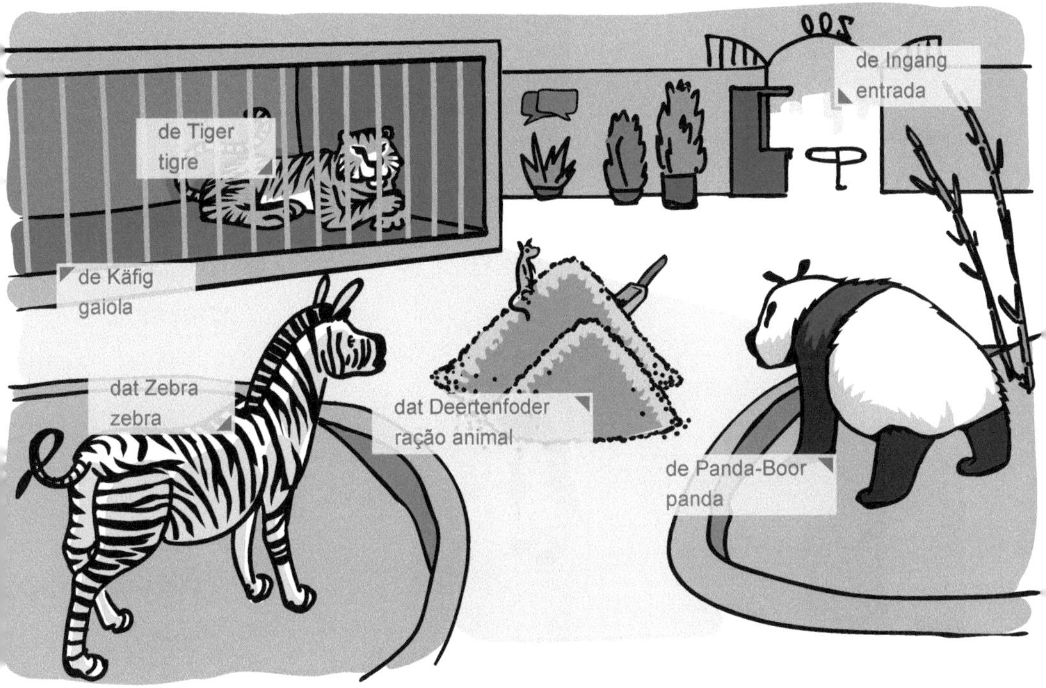
de Ingang
entrada
de Tiger
tigre
de Käfig
gaiola
dat Zebra
zebra
dat Deertenfoder
ração animal
de Panda-Boor
panda

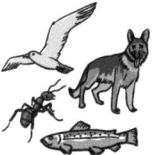

de Deerten

animais

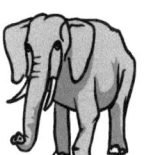

de Elefant

elefante

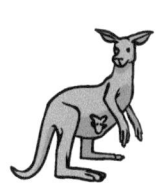

dat Känguru

canguru

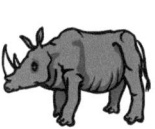

dat Neeshoorn

rinoceronte

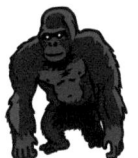

de Gorilla

gorila

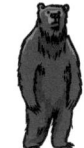

de Boor

urso

dat Kameel

camelo

de Struuß

avestruz

de Lööv

leão

de Aap

macaco

de Flamingo

flamingo

de Papagoi

papagaio

de Iesboor

urso polar

de Pinguin

pinguim

de Haifisch

tubarão

de Pageluun

pavão

de Slang

cobra

dat Krokodil

crocodilo

de Oppasser in'n
Deertenpark
guarda do jardim zoológico

de Saalhund

foca

de Jaguor

jaguar

dat Pony

pónei

de Leopard

leopardo

dat Nilpeerd

hipopótamo

de Giraff

girafa

de Aadler

águia

dat Wildswien

javali

de Fisch

peixe

de Schildkrööt

tartaruga

dat Walross

morsa

de Voss

raposa

de Gazell

gazela

# de Sport
## desporto

de Amerikaansch Football
futebol americano

dat Radfohren
ciclismo

dat Tennis
ténis

de Korfball
basquetebol

dat Swümmen
natação

dat Boxen
boxe

dat Ieshockey
hóquei no gelo

de Football
futebol

dat Fedderball
badminton

de Leichtathletik
atletismo

de Handball
andebol

dat Skilopen
esqui

dat Polo
polo

springen
saltar

lachen
rir

ümarmen
abraçar

gahn
andar

singen
cantar

drömen
sonhar

beden
rezar

snuteln
beijar

schrieven
escrever

teken
desenhar

wiesen
mostrar

drücken
empurrar

geven
dar

nehmen
tomar

hebben

ter

doon

fazer

sien

ser

stahn

ficar de pé

lopen

correr

trecken

puxar

smieten

remessar

fallen

cair

liggen

deitar

töven

esperar

dregen

carregar

sitten

sentar

antrecken

vestir

slapen

dormir

opwaken

acordar

ankieken

olhar para

wenen

chorar

eien

acariciar

kämmen

pentear

snacken

falar

verstahn

compreender

fragen

perguntar

hören

ouvir

drinken

beber

eten

comer

oprümen

arrumar

leefhebben

amar

kaken

cozinhar

fohren

conduzir

flegen

voar

segeln

velejar

reken

calcular

lesen

ler

lehren

aprender

arbeiden

trabalhar

de Plünnen tohoopsmieten

casar

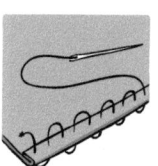

neihen

costurar

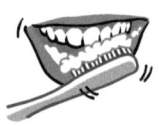

Tähnen putzen

escovar os dentes

dootmaken

matar

smöken

fumar

schicken

enviar

de Aktivitäten - atividades

# de Familje
## família

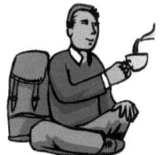

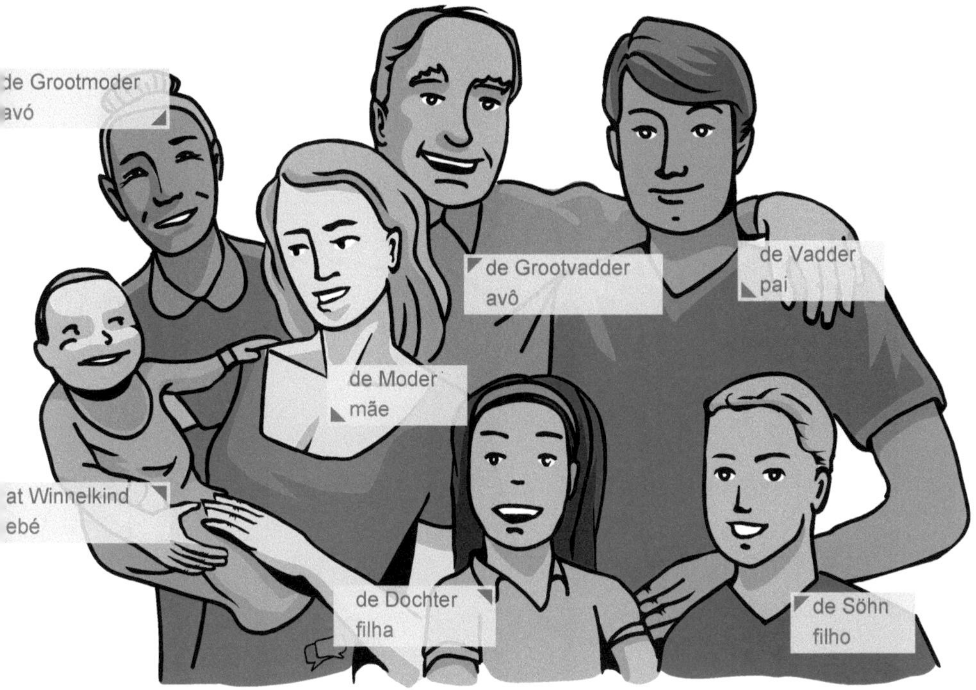

de Grootmoder
avó
de Grootvadder
avô
de Vadder
pai
de Moder
mãe
at Winnelkind
ebé
de Dochter
filha
de Söhn
filho


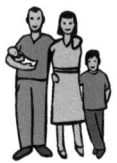

de Gast

convidado

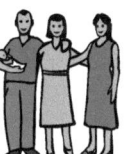

de Tant

tia

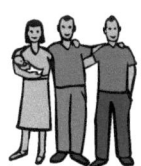

de Unkel

tio

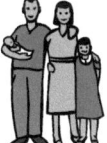

de Broder

irmão

de Süster

irmã

# de Lief

## corpo

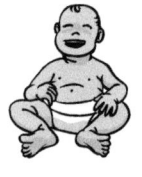

de Vörkopp
testa
dat Oog
olho
de Schuller
ombro
de Finger
dedo
dat Gesicht
cara
dat Kinn
queixo
de Hand
mão
dat Been
perna
de Bost
peito
de Arm
braço

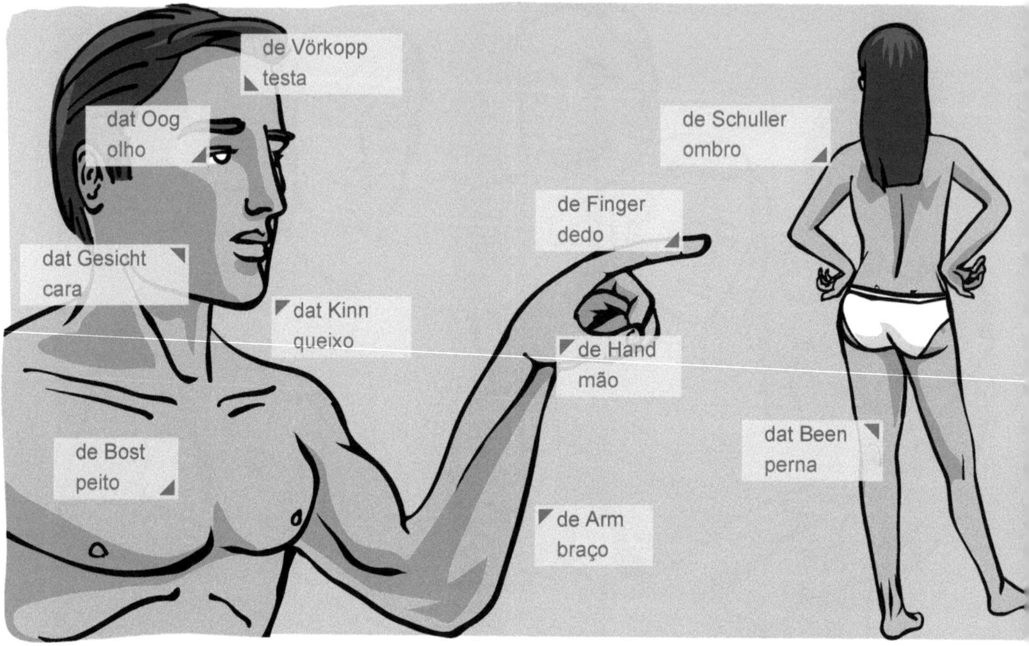

dat Winnelkind

bebé

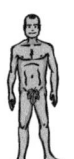

de Mann

homem

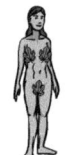

de Fro

mulher

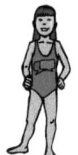

de Deern

menina

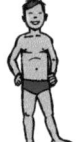

de Jung

menino

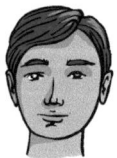

de Arm

cabeça

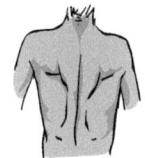

de Rüch

costas

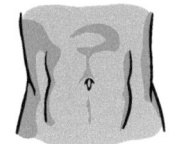

de Buuk

barriga

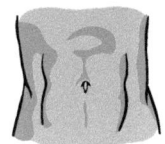

de Navel

umbigo

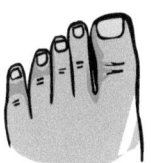

de Teh

dedo do pé

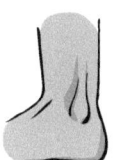

de Hack

calcanhar

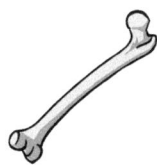

de Knaken

osso

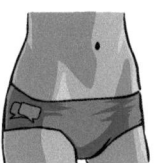

de Hüft

anca

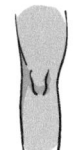

dat Knee

joelho

de Ellbagen

cotovelo

de Nees

nariz

de Achtersen

nádegas

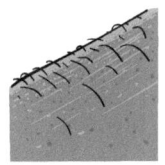

de Huut

pele

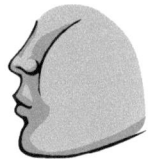

de Back

bochecha

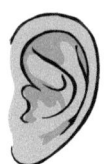

dat Ohr

orelha

de Lipp

lábio

| | | |
|---|---|---|
|  | 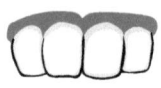 |  |
| de Mund | de Tähn | de Tung |
| boca | dente | língua |
| 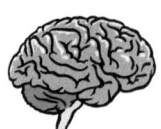 | 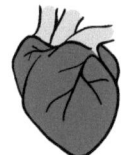 |  |
| de Bregen | dat Hart | de Muskel |
| cérebro | coração | músculo |
| 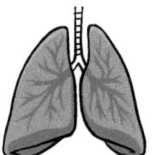 |  | 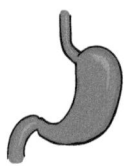 |
| de Lung | de Lever | de Maag |
| pulmão | fígado | estômago |
| 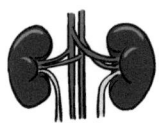 |  |  |
| de Neren | de Bislaap | dat Kondoom |
| rins | relações sexuais | preservativo |
| 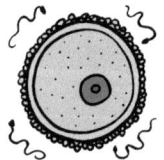 |  |  |
| de Eizell | dat Sperma | de Anner Ümstänn |
| óvulo | esperma | gravidez |

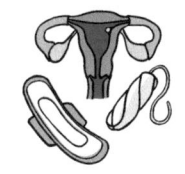

de Menstruatschoon

menstruação

de Scheed

vagina

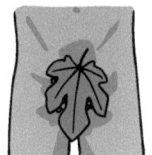

de Pint

pénis

de Ogenbroe

sobrancelha

dat Hoor

cabelo

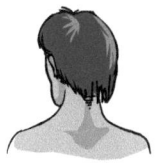

de Hals

pescoço

# dat Krankenhuus
# hospital

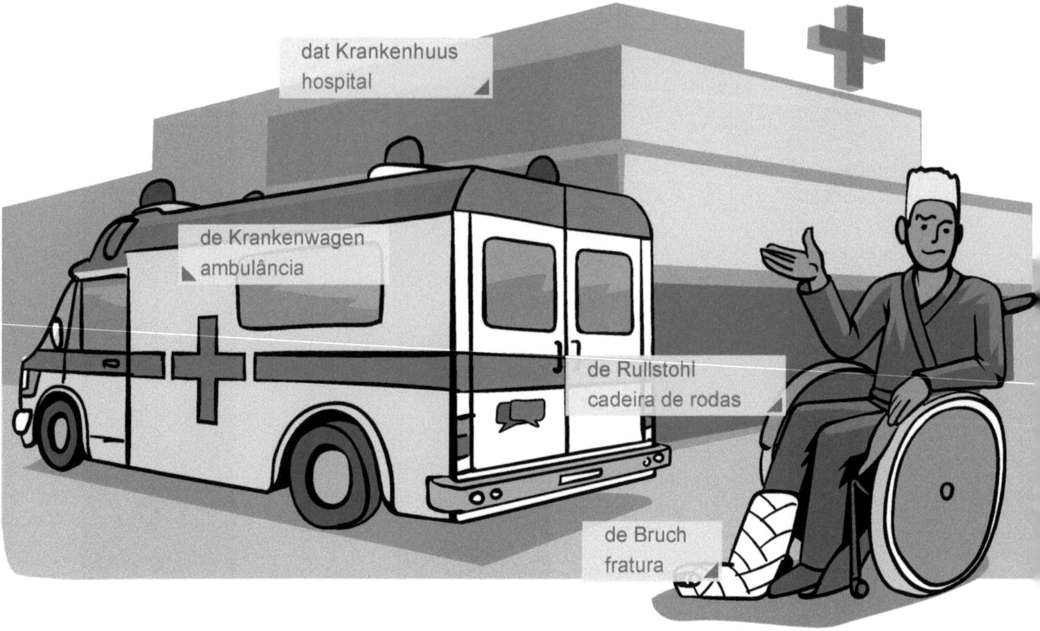

dat Krankenhuus
hospital
de Krankenwagen
ambulância
de Rullstohl
cadeira de rodas
de Bruch
fratura


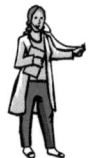

de Dokter

médico

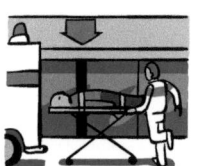

de Nootopnahm

serviço de urgências

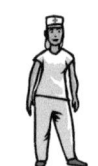

de Krankensüster

enfermeira

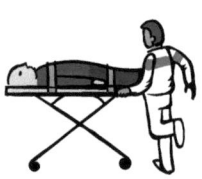

de Nootfall

emergência

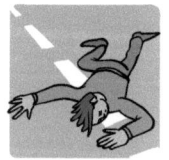

ahnmächtig

inconsciente

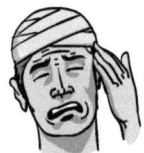

de Wehdaag

dor

de Verwunnen

ferimento

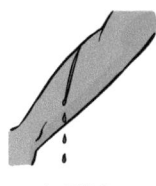

de Blöden

hemorragia

de Hartinfarkt

ataque cardíaco

de Slaganfall

acidente vascular cerebral

de Allergie

alergia

de Hoosten

tosse

dat Fever

febre

de Gripp

gripe

de Dörchfall

diarreia

de Koppwehdaag

dor de cabeça

de Kreeft

cancro

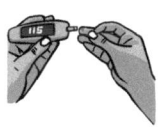

de Zuckersüük

diabetes

de Chirurg

cirurgião

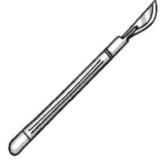

dat Chirurgsch Mess

bisturi

de Operatschoon

operação

dat CT

CT

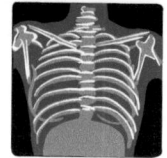

de Dörchlüchten

raio x

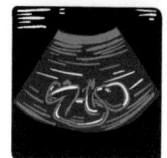

de Ultraschall

ultrassom

de Mask

máscara

de Krankheit

doença

de Töövruum

sala de espera

de Krück

muleta

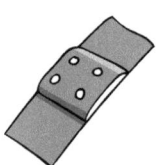

dat Plaaster

penso rápido

de Verband

ligadura

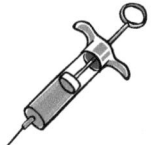

de Insprütten

injeção

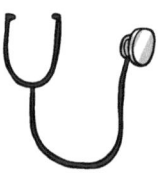

dat Stethoskop

estetoscópio

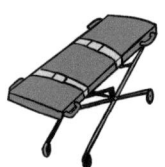

de Draag

maca

dat Feverthermometer

termómetro

de Geboort

nascimento

dat Övergewicht

excesso de peso

de Höörapparat

aparelho auditivo

dat Kiemfriemiddel

desinfetante

de Ansteken

infeção

de Virus

vírus

dat HIV / AIDS

HIV / SIDA

dat Heelmiddel

medicamento

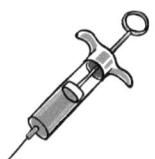

de Impen

vacinação

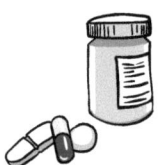

de Tabletten

comprimidos

de Pill

pílula

de Nootroop

chamada de emergência

de Blootdruck-Meter

dispositivo de medição de
pressão arterial

krank / gesund

doente / saudável

Hölp!

Socorro!

de Alarm

alarme

de Överfall

assalto

de Angreep

ataque

de Gefohr

perigo

de Nootutgang

saída de emergência

dat Füer!

Fogo!

de Füerlöscher

extintor de incêndios

de Unfall

acidente

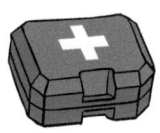

de Noothölpkoffer

estojo de primeiros socorros

SOS

SOS

de Polizei

polícia

Europa

Europa

Noordamerika

América do Norte

Süüdamerika

América do Sul

Afrika

África

Asien

Ásia

Australien

Austrália

de Atlantik

Atlântico

de Pazifik

Pacífico

dat Indisch Weltmeer

Oceano Índico

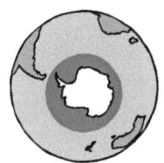

dat Antarktisch Weltmeer

Oceano Antártico

dat Arktisch Weltmeer

Oceano Ártico

de Noordpol

Polo Norte

de Süüdpol

Polo Sul

de Antarktis

Antártica

de Eerd

terra

dat Land

país

de See

mar

dat Eiland

ilha

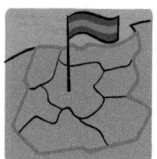

de Natschoon

nação

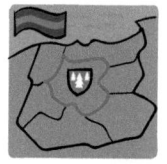

de Staat

estado

dat Tallenblatt

mostrador do relógio

de Stunnenwieser

ponteiro das horas

de Minutenwieser

ponteiro dos minutos

de Sekunnenwieser

ponteiro dos segundos

Wo laat is dat?

Que horas são?

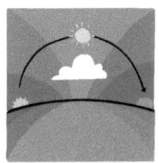

de Dag

dia

de Tiet

tempo

nu

agora

de digetaalsch Klock

relógio digital

de Minuut

minuto

de Stunn

hora

# de Week

## semana

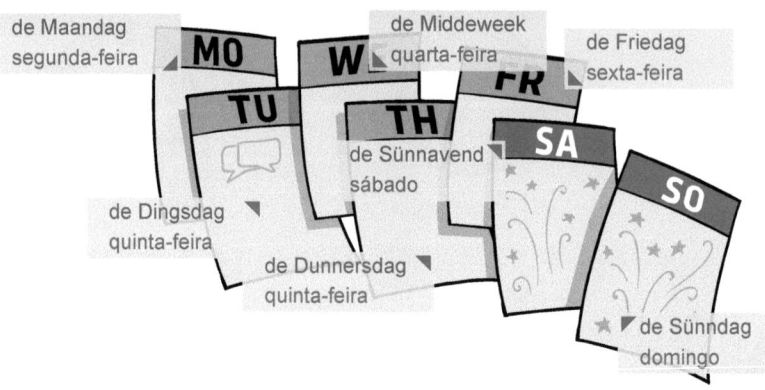

de Maandag
segunda-feira

de Middeweek
quarta-feira

de Friedag
sexta-feira

de Dingsdag
quinta-feira

de Sünnavend
sábado

de Dunnersdag
quinta-feira

de Sünndag
domingo

güstern

ontem

hüüt

hoje

morgen

amanhã

de Morgen

manhã

de Meddag

meio-dia

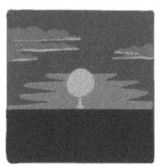

de Avend

entardecer

de Arbeitsdaag

dias úteis

dat Wekenenn

fim de semana

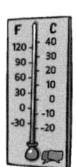

# dat Johr
## ano

de Regenbagen
arco-íris
de Regen
chuva
de Snee
neve
de Wind
vento
dat Fröhjohr
primavera
de Harvst
outono
de Sommer
verão
de Winter
inverno

4.APRIL 11°
5.APRIL 4°
6.APRIL 13°
7.APRIL 8°
8.APRIL 10°

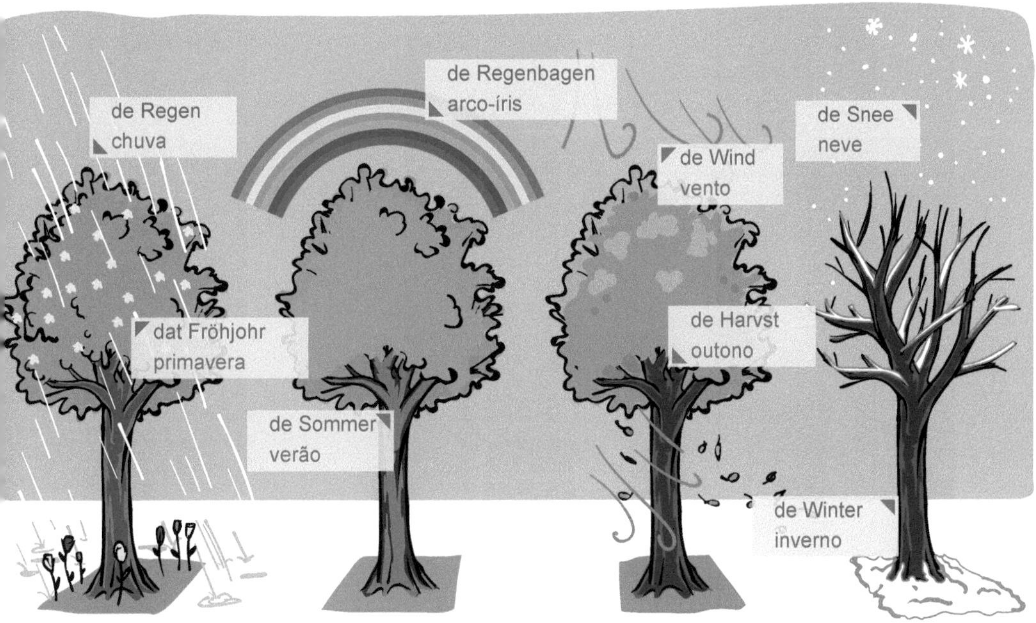

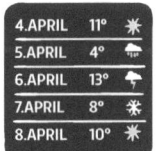

de Wedervörhersaag

previsão do tempo

F C
120 90 60 30 0 -30
40 30 20 10 0 -10 -20

dat Thermometer

termómetro

de Sünnenschien

raios de sol

de Wulk

nuvem

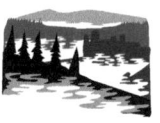

de Nevel

neblina / nevoeiro

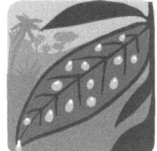

de Luftfuchtigkeit

humidade do ar

de Blitz

relâmpago

de Dunner

trovão

de Storm

tempestade

de Hagel

granizo

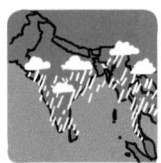

de Monsun

monção

de Floot

inundação

dat Ies

gelo

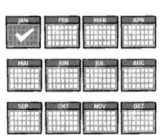

de Januormaand

janeiro

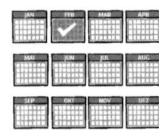

de Februormaand

fevereiro

de Martmaand

março

de Aprilmaand

abril

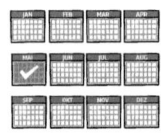

de Maimaand

maio

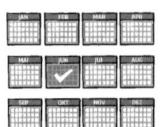

de Junimaand

junho

de Julimaand

julho

de Augustmaand

agosto

82 dat Johr - ano

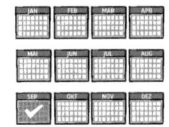

de Septembermaand

setembro

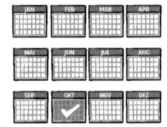

de Oktobermaand

outubro

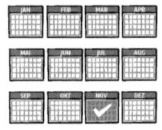

de Novembermaand

novembro

de Dezembermaand

dezembro

## de Formen
## formas

de Krink

círculo

dat Quadrat

quadrado

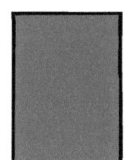

dat Rechteck

retângulo

dat Dreeeck

triângulo

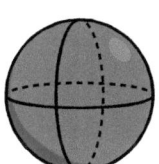

de Kugel

esfera

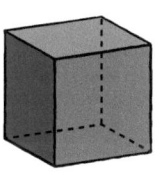

de Wörpel

cubo

witt
........................
branco

geel
........................
amarelo

orangsch
........................
laranja

pink
........................
rosa

root
........................
vermelho

lila
........................
lilás

blau
........................
azul

gröön
........................
verde

bruun
........................
castanho

gries
........................
cinzento

swart
........................
preto

veel / wenig

muito / pouco

böös / verdreeglich

furioso / calmo

smuck / mies

lindo / feio

de Begünn / dat Enn

princípio / fim

groot / lütt

grande / pequeno

hell / düüster

claro / escuro

de Broder / de Süster

irmão / irmã

schier / schietig

limpo / sujo

kumpleet / nich kumpleet

completo / incompleto

de Dag / de Nacht

dia / noite

doot / lebennig

morto / vivo

breet / small

largo / estreito

geneetbor / nich geneetbor

comestível / não comestível

böös / fründlich

mau / gentil

fickerig / langwielt

entusiasmado / entediado

dick / dünn

gordo / magro

toeerst / toletzt

primeiro / último

de Fründ / de Fiend

amigo / inimigo

vull / leddig

cheio / vazio

hart / week

duro / macio

swoor / licht

pesado / leve

de Smacht / de Döst

fome / sede

krank / gesund

doente / saudável

nich na't Recht / na't Recht

ilegal / legal

klook / dummerhaftig

inteligente / burro

linkerhand / rechterhand

esquerda / direita

neeg / feern

perto / longe

nieg / bruukt

novo / usado

nix / wat

nada / algo

oolt / jung

velho / jovem

an / ut

ligado / desligado

apen / slaten

aberto / fechado

lies / luut

baixo / alto

riek / arm

rico / pobre

richtig / verkehrt

certo / errado

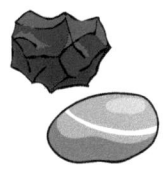

ruug / glatt

áspero / liso

trurig / glücklich

triste / feliz

kort / lang

curto / longo

suutje / flink

lento / rápido

natt / dröög

molhado / seco

warm / köhl

ameno / fresco

de Krieg / de Freden

guerra / paz

de Gegendelen  -  opostos                    87

# de Tallen
## números

**0**
null
zero

**1**
een
um

**2**
twee
dois

**3**
dree
três

**4**
veer
quatro

**5**
fief
cinco

**6**
söss
seis

**7**
söven
sete

**8**
acht
oito

**9**
negen
nove

**10**
teihn
dez

**11**
ölven
onze

**12**

twölf

doze

**13**

dörteihn

treze

**14**

veerteihn

catorze

**15**

föffteihn

quinze

**16**

sössteihn

dezasseis

**17**

söventeihn

dezassete

**18**

achtteihn

dezoito

**19**

negenteihn

dezanove

**20**

twintig

vinte

**100**

hunnert

cem

**1.000**

dusend

mil

**1.000.000**

million

milhão

dat Engelsch

inglês

dat Amerikaansch Engelsch

inglês americano

dat Chineesch Mandarin

chinês mandarim

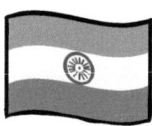

dat Hindi

hindi

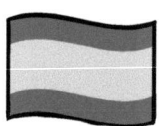

dat Spaansch

espanhol

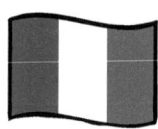

dat Franzöösch

francês

dat Araabsch

árabe

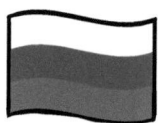

dat Rusch

russo

dat Portugiesch

português

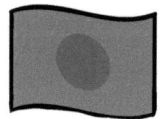

dat Bengaalsch

bengalês

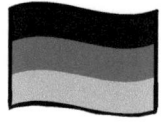

dat Düütsch

alemão

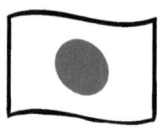

dat Japaansch

japonês

ik

eu

du

tu

he / se / dat

ele / ela

wi

nós

ji

vós

se

eles / elas

keen?

quem?

wat?

o quê?

woans?

como?

woneem?

onde?

wannehr?

quando?

de Naam

nome

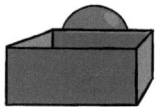

achter

atrás

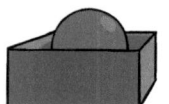

in

em

vör

à frente de

över

sobre

op

em cima

ünner

debaixo

blangen

ao lado

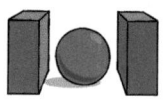

twüschen

entre

de Oort

lugar